Impressum
Verlag: BABADADA GmbH, Nedderfeld 112 , 22529 Hamburg
Geschäftsführer / Verlagsleitung: Harald Hof
Druck: Books on Demand GmbH, In de Tarpen 42, 22848 Norderstedt

Imprint
Publisher: BABADADA GmbH, Nedderfeld 112 , 22529 Hamburg, Germany
Managing Director / Publishing direction: Harald Hof
Print: Books on Demand GmbH, In de Tarpen 42, 22848 Norderstedt

school
paaralan

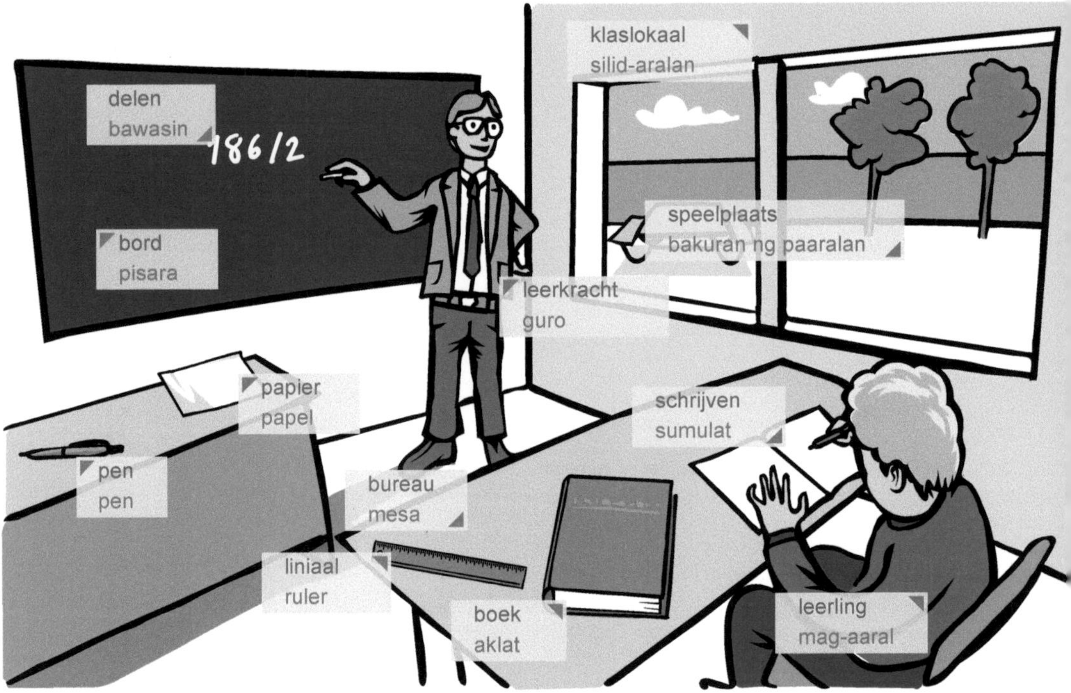

klaslokaal
silid-aralan
delen
bawasin
186/2
bord
pisara
speelplaats
bakuran ng paaralan
leerkracht
guro
papier
papel
schrijven
sumulat
pen
pen
bureau
mesa
liniaal
ruler
boek
aklat
leerling
mag-aaral

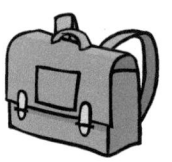

schooltas
satchel

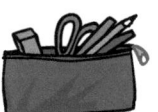

pennenzak
lalagyan ng lapis

potlood
lapis

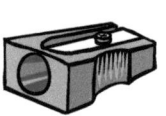

puntenslijper
pantasa

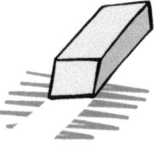

gom
goma

tekenblok
drowing pad

tekening

drowing

verfborstel

pinsel na pampinta

verfdoos

kahon ng pinta

schaar

gunting

lijm

pandikit

werkboek

aklat para sa pagsasanay

huiswerk

takdang-aralin

nummer

numero

optellen

dagdagan

aftrekken

bawasin

vermenigvuldigen

paramihin

rekenen

kalkulahin

letter

liham

alfabet

alpabeto

woord

salita

tekst

teksto

Lezen

basahin

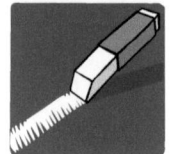

krijt

yeso

les

leksyon

klassenboek

rehistro

examen

eksaminasyon

certificaat

sertipiko

schooluniform

uniporme sa paaralan

onderwijs

edukasyon

encyclopedie

encyclopedia

universiteit

unibersidad

microscoop

mikroskopyo

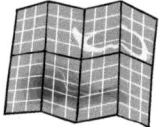

kaart

mapa

papiermand

basurahan ng papel

reis

paglalakbay

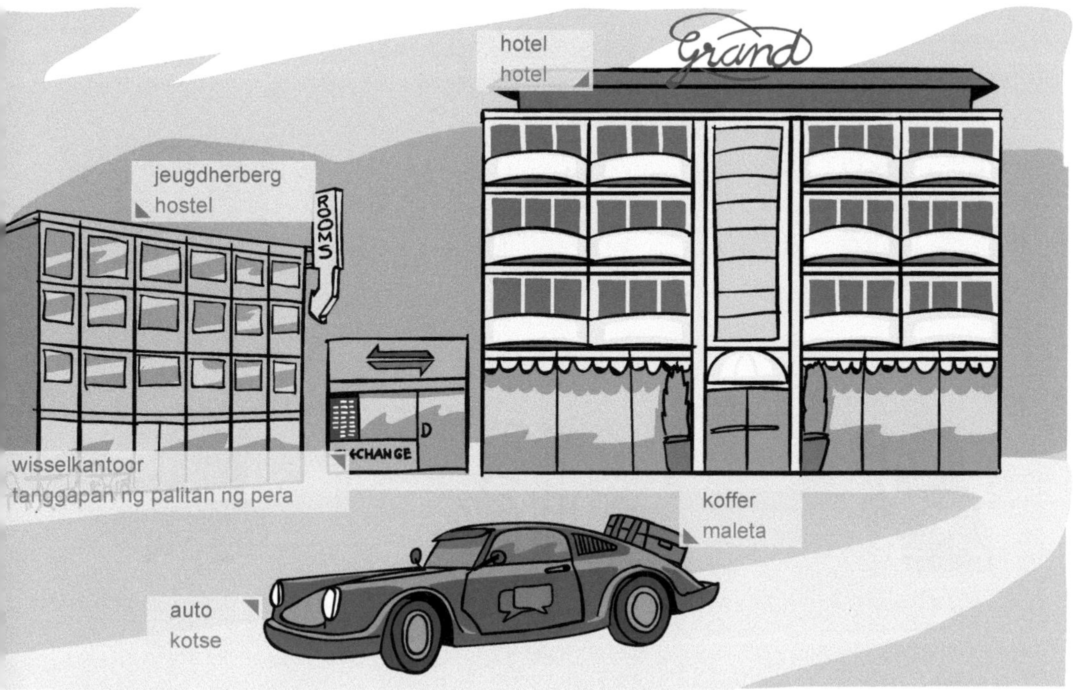

Grand
hotel
hotel
jeugdherberg
hostel
ROOMS
EXCHANGE
wisselkantoor
tanggapan ng palitan ng pera
koffer
maleta
auto
kotse

Taal

wika

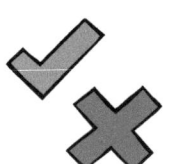

ja / nee

oo / hindi

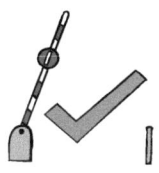

oké

Okey

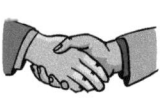

hallo

kumusta

vertaler

tagapagsalin

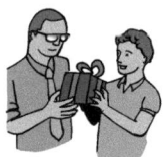

bedankt

Salamat

Hoeveel kost …?

magkano ang…?

Ik begrijp het niet

Hindi ko maintindihan

probleem

problema

Goedenavond!

Magandang gabi!

Goedemorgen!

Magandang umaga!

Goedenavond!

Magandang gabi!

Tot ziens

paalam

richting

direksyon

bagage

bahage

zak

bag

rugzak

napsak

gast

panauhin

kamer

silid

slaapzak

sakong tulugan

tent

tolda

toeristeninformatie

impormasyon ng turista

strand

dalampasigan

kredietkaart

credit card

ontbijt

almusal

lunch

tanghalian

avondeten

hapunan

ticket

tiket

lift

elebeytor

postzegel

selyo

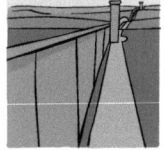

grens

hangganan

douane

adwana

ambassade

embahada

visum

visa

paspoort

pasaporte

transport
transportasyon

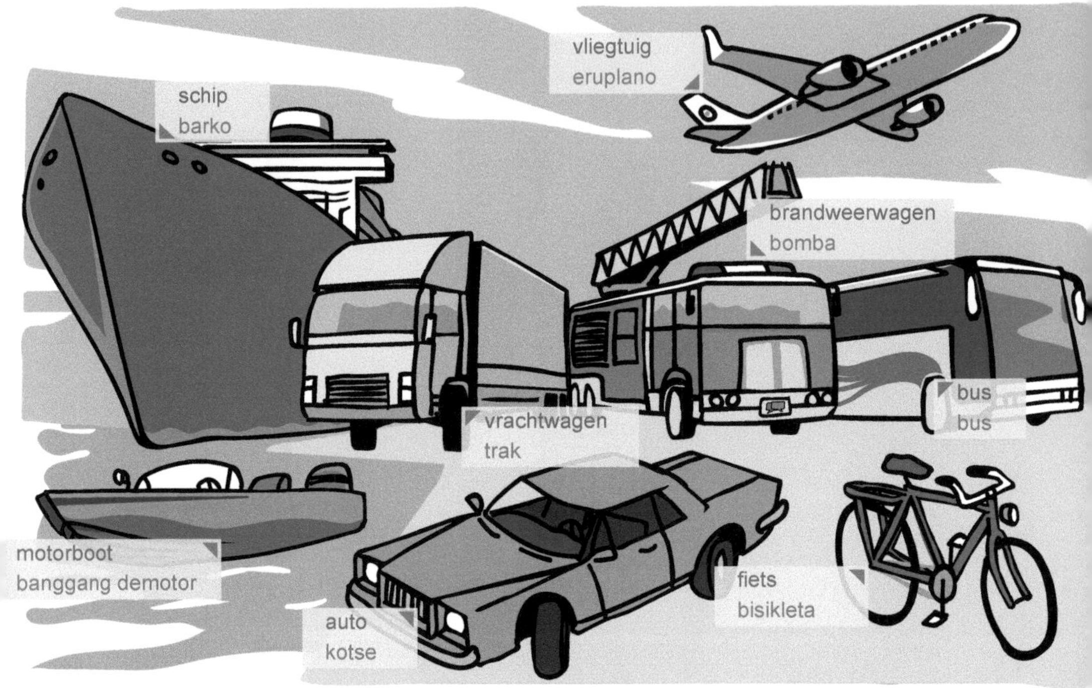

vliegtuig
eruplano
schip
barko
brandweerwagen
bomba
bus
bus
vrachtwagen
trak
motorboot
banggang demotor
fiets
bisikleta
auto
kotse

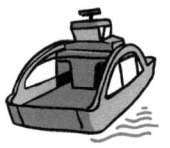

veerboot

lantsang pantawid

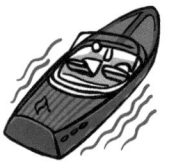

boot

bangka

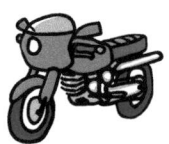

motor

motorsiklo

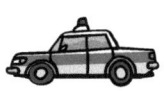

politiewagen

sasakyan ng pulis

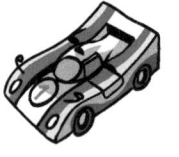

racewagen

kotseng pangkarera

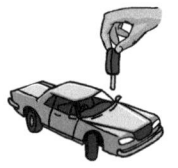

huurauto

nirerentahang kotse

carpoolen	sleepwagen	vuilniswagen
car sharing	trak na panghila	trak na pantapon ng basura

motor	benzine	benzinestation
motor	panggatong	gasolinahan
	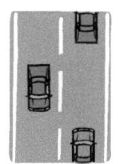	
verkeersbord	verkeer	file
karatula ng trapiko	trapiko	masikip na trapiko

parkeerplaats	station	sporen
paradahan ng kotse	estasyon ng tren	riles
	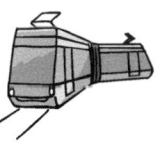	
trein	tram	wagon
tren	trambya	wagon

helikopter

helikopter

luchthaven

paliparan

toren

tore

passagier

pasahero

container

sisidlan

karton

karton

kar

kariton

mand

basket

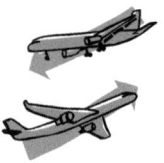

opstijgen / landen

umalis / lumapag

stad

lungsod

dorp

nayon

stadscentrum

sentro ng lungsod

huis

bahay

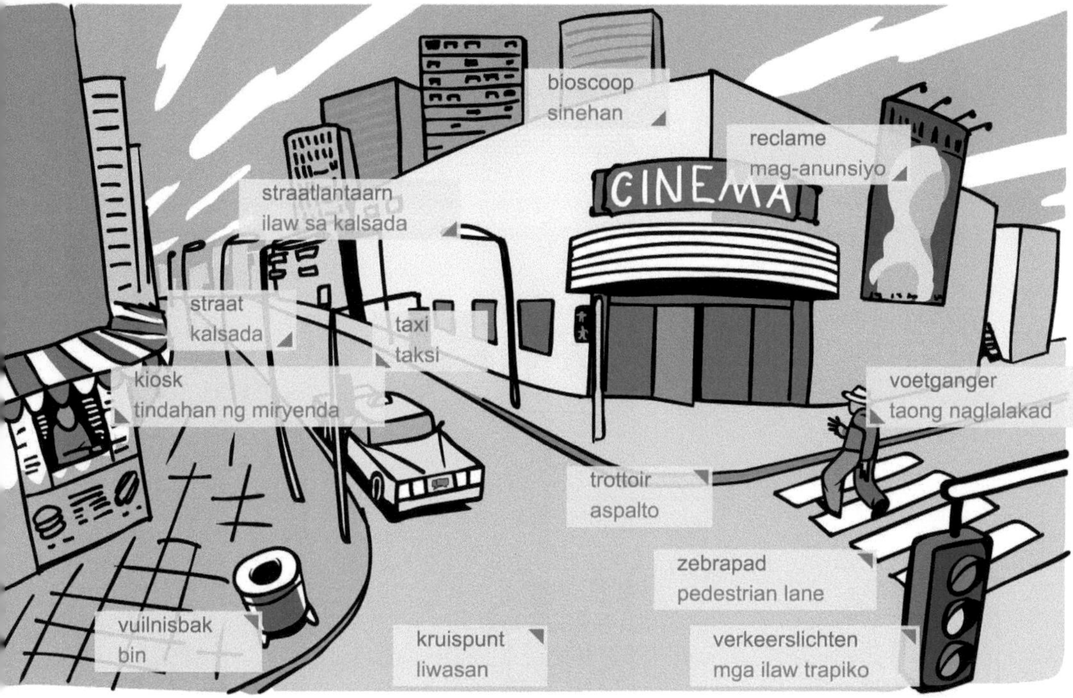

bioscoop
sinehan

reclame
mag-anunsiyo

straatlantaarn
ilaw sa kalsada

CINEMA

straat
kalsada

taxi
taksi

kiosk
tindahan ng miryenda

voetganger
taong naglalakad

trottoir
aspalto

zebrapad
pedestrian lane

vuilnisbak
bin

kruispunt
liwasan

verkeerslichten
mga ilaw trapiko

hut
kubo

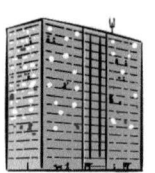

woning
patag

station
estasyon ng tren

stadshuis
munisipyo

museum
museo

school
paaralan

universiteit

unibersidad

bank

bangko

ziekenhuis

ospital

hotel

hotel

apotheek

parmasya

kantoor

opisina

boekwinkel

tindahan ng aklat

winkel

tindahan

bloemenwinkel

tindahan ng bulaklak

supermarkt

supermarket

markt

palengke

warenhuis

department store

vishandelaar

tindahan ng isda

winkelcentrum

sentrong pamilihan

haven

daungan

park

parke

bank

bangko

brug

tulay

trap

hagdan

metro

underground

tunnel

tunel

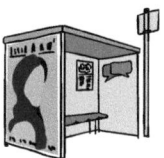

bushalte

hintuan ng bus

bar

bar

restaurant

restawran

brievenbus

kahon ng koreo

straatnaambord

karatula sa kalsada

parkeermeter

metro ng paradahan

zoo

zoo

zwembad

swimming pool

moskee

moske

boerderij
bukid

milieuverontreiniging
polusyon

kerkhof
libingan

kerk
simbahan

speelplaats
palaruan

tempel
templo

landschap

tanawin

blad
dahon

wegwijzer
posteng pananda

weg
daan

weide
parang

steen
bato

boom
kahoy

wandelaar
hiker

rivier
ilog

gras
damo

bloem
bulaklak

vallei

lambak

heuvel

burol

meer

look

bos

kagubatan

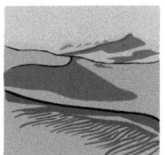

woestijn

disyerto

vulkaan

bulkan

kasteel

kastilyo

regenboog

bahaghari

paddenstoel

kabute

palmboom

palmera

mug

lamok

vlieg

langaw

mier

langgam

bijl

bubuyog

spin

gagamba

kever

salagubang

kikker

palaka

eekhoorn

ardilya

egel

parkupino

haas

liyebre

uil

kuwago

vogel

ibon

zwaan

sisne

wild zwijn

bulugan

hert

usa

eland

moose

dam

dam

windturbine

turbina ng hangin

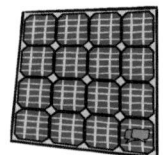

zonnepaneel

solar panel

klimaat

klima

restaurant

restawran

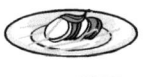

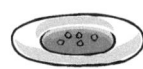

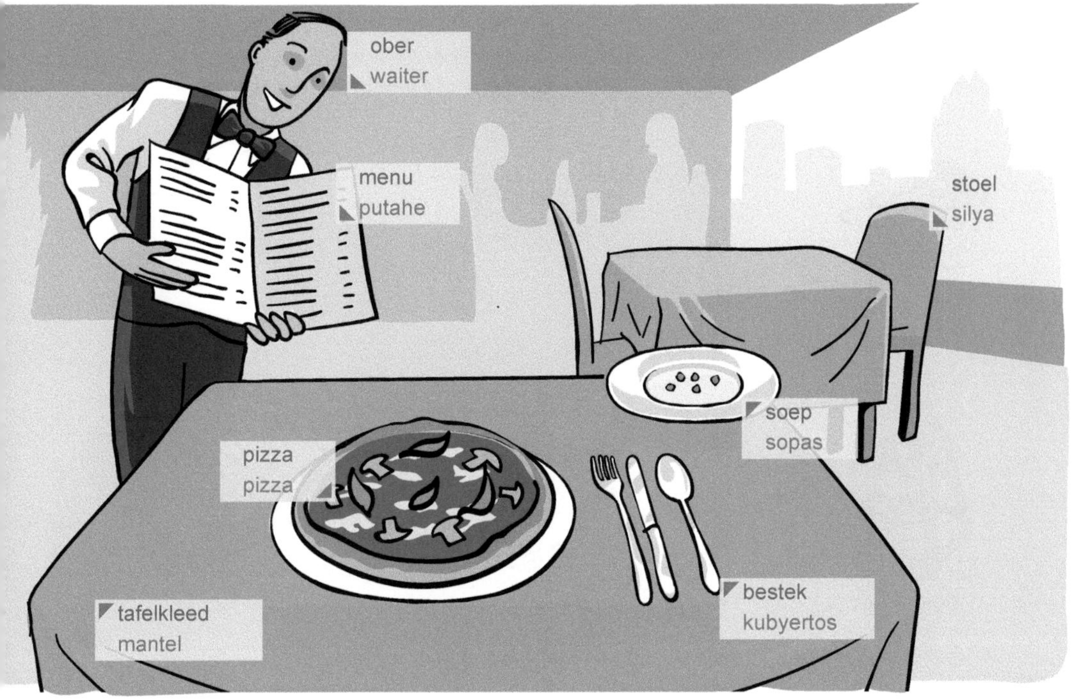
ober
waiter
menu
putahe
stoel
silya
soep
sopas
pizza
pizza
tafelkleed
mantel
bestek
kubyertos

voorgerecht

panimula

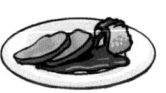

hoofdgerecht

pangunahing pagkain

nagerecht

panghimagas

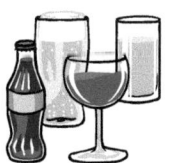

drankjes

inumin

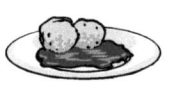

eten

pagkain

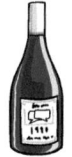

fles

bote

fastfood

fastfood

street food

pagkaing kalye

theepot

tsarera

suikerpot

panutsa

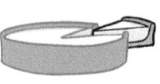

portie

bahagi

espressomachine

espresso machine

kinderstoel

mataas na upuan

rekening

bayarin

dienblad

bandehado

mes

kutsilyo

vork

tinidor

lepel

kutsara

theelepel

kutsarita

serviette

serviette

glas

baso

bord
....
pinggan

soepbord
....
platong pansopas

schoteltje
....
platito

saus
....
sawsawan

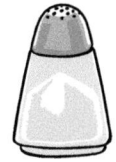

zoutvatje
....
pangkalog ng asin

pepermolen
....
panggiling ng paminta

azijn
....
suka

olie
....
langis

kruiden
....
pampalasa

ketchup
....
ketsup

mosterd
....
mustasa

mayonaise
....
mayonnaise

supermarkt
supermarket

aanbieding
espesyal na alok
FOR
klant
kustomer
zuivelproducten
produktong mantikilya
fruit
prutas
winkelwagen
troli

BUTCHERS

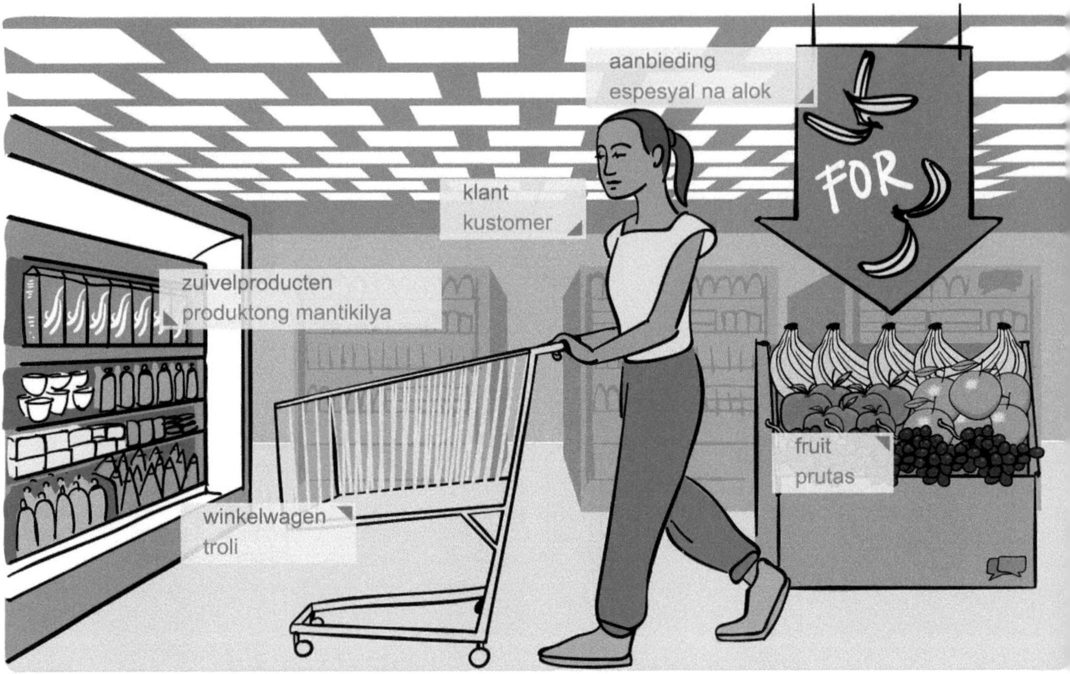

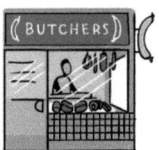

slagerij

butser

BAKERY

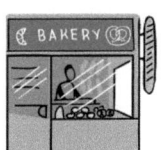

bakkerij

panaderya

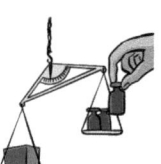

wegen

timbang

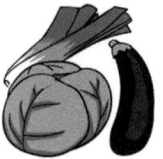

groenten

mga gulay

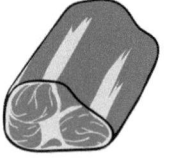

vlees

karne

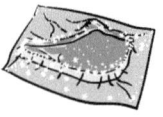

diepvriesvoedsel

pinalamig na pagkain

charcuterie

malamig na karne

conserven

delatang pagkain

waspoeder

pulbos na panlaba

snoep

matatamis

huishoudproducten

mga produktong pambahay

schoonmaakproducten

mga produktong panlinis

verkoopster

tindera

kassa

cash register

kassier

kahera

boodschappenlijstje

listahan ng pinamili

openingstijden

oras ng pagbubukas

portefeuille

pitaka

kredietkaart

credit card

tas

bag

plastieken zakje

plastik bag

water
....
tubig

sap
....
juice

melk
....
gatas

cola
....
coke

wijn
....
alak

bier
....
serbesa

alcohol
....
alak

cacao
....
kakaw

thee
....
tsaa

koffie
....
kape

espresso
....
espresso

cappuccino
....
cappuccino

banaan

saging

appel

mansanas

sinaasappel

kahel

meloen

melon

citroen

limon

wortel

carrot

knoflook

bawang

bamboe

kawayan

ajuin

sibuyas

champignon

kabute

noten

mani

noodles

noodles

spaghetti

spaghetti

rijst

bigas

salade

ensalada

frieten

chips

gebakken aardappelen

pritong patatas

pizza

pizza

hamburger

hamburger

sandwich

sandwich

kalfslapje

piraso ng karneng walang buto

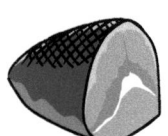

ham

hamon

salami

salami

worst

tsoriso

kip

manok

braden

inihaw

vis

isda

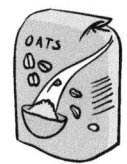

havervlokken

mga porridge oat

muesli

muesli

cornflakes

cornflakes

bloem

harina

croissant

croissant

pistolet

rolyong tinapay

brood

tinapay

toast

tostado

koekjes

biskuwit

boter

mantikilya

kwark

keso

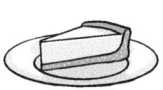

taart

keyk

ei

itlog

spiegelei

pritong itlog

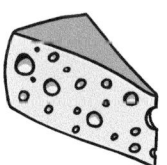

kaas

keso

ijs

sorbetes

suiker

asukal

honing

pulot

confituur

jam

choco

tsokolateng pinapahid

curry

curry

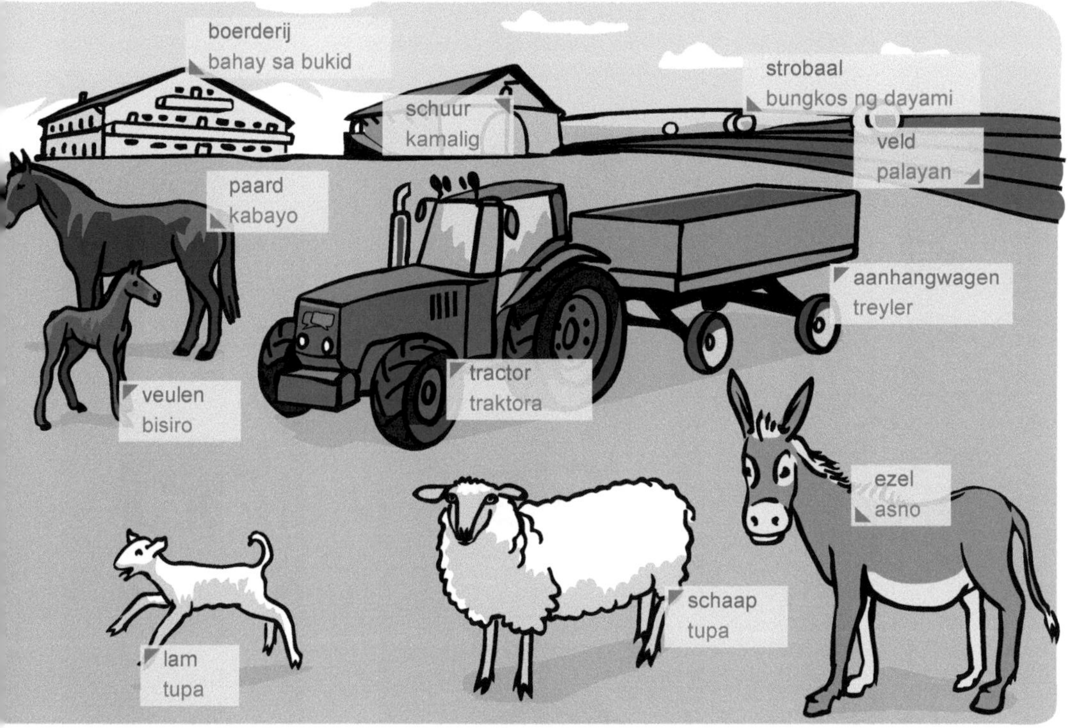

boerderij
bahay sa bukid

schuur
kamalig

strobaal
bungkos ng dayami

veld
palayan

paard
kabayo

aanhangwagen
treyler

veulen
bisiro

tractor
traktora

ezel
asno

lam
tupa

schaap
tupa

geit
kambing

koe
baka

kalf
guya

varken
baboy

biggetje
biik

stier
toro

gans

gansa

eend

pato

kuiken

sisiw

kip

inahin

haan

katyaw

rat

daga

kat

pusa

muis

daga

os

kapong baka

hond

aso

hondenhok

bahay ng aso

tuinslang

hose sa hardin

gieter

latang pandilig

zeis

haras

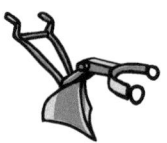

ploeg

araro

sikkel

karit

schoffel

asarol

hooivork

tuhugin

bijl

palakol

kruiwagen

karitela

trog

sabsaban

melkkan

lata ng gatas

zak

sako

hek

bakod

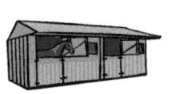

stal

kuwadra

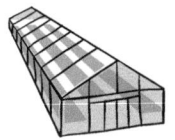

broeikas

punlaan

bodem

lupa

zaad

buto

mest

pataba

maaidorser

combine harvester

oogsten

mag-ani

oogst

ani

yam

yams

tarwe

trigo

soja

soya

aardappel

patatas

maïs

mais

koolzaad

rapeseed

fruitboom

kahoy na namumunga

maniok

kamoteng kahoy

graan

siryal

huis
bahay

schoorsteen
pausukan
dak
bubong
regenpijp
paagusang tubo
raam
bintana
garage
garahe
deurbel
timbre
deur
pinto
vuilnisbak
basurahan
brievenbus
kahon ng sulat
tuin
hardin

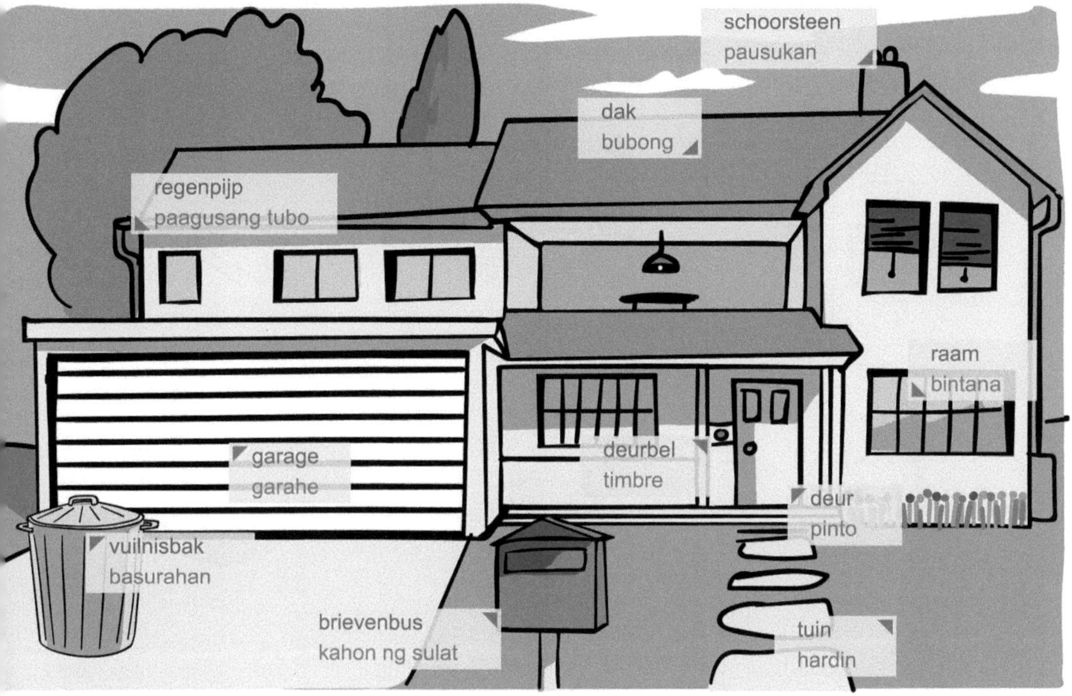

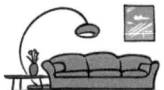

woonkamer

salas

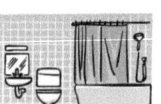

badkamer

palikuran

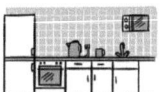

keuken

kusina

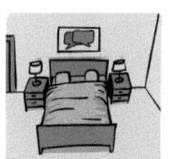

slaapkamer

silid-tulugan

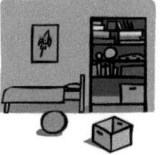

kinderkamer

silid ng bata

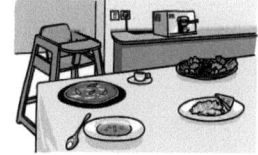

eetkamer

hapag-kainan

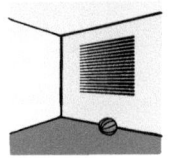

vloer
sahig

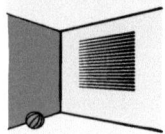

muur
pader

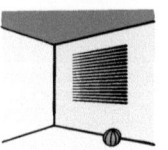

plafond
kisame

kelder
bodega ng alak

sauna
sauna

balkon
balkonahe

terras
terasa

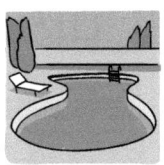

zwembad
pool

grasmaaier
pamputol ng damo

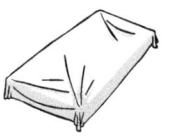

dekbedovertrek
piraso ng papel

dekbed
kobrekama

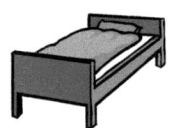

bed
higaan

bezem
walis

emmer
timba

schakelaar
pindutan

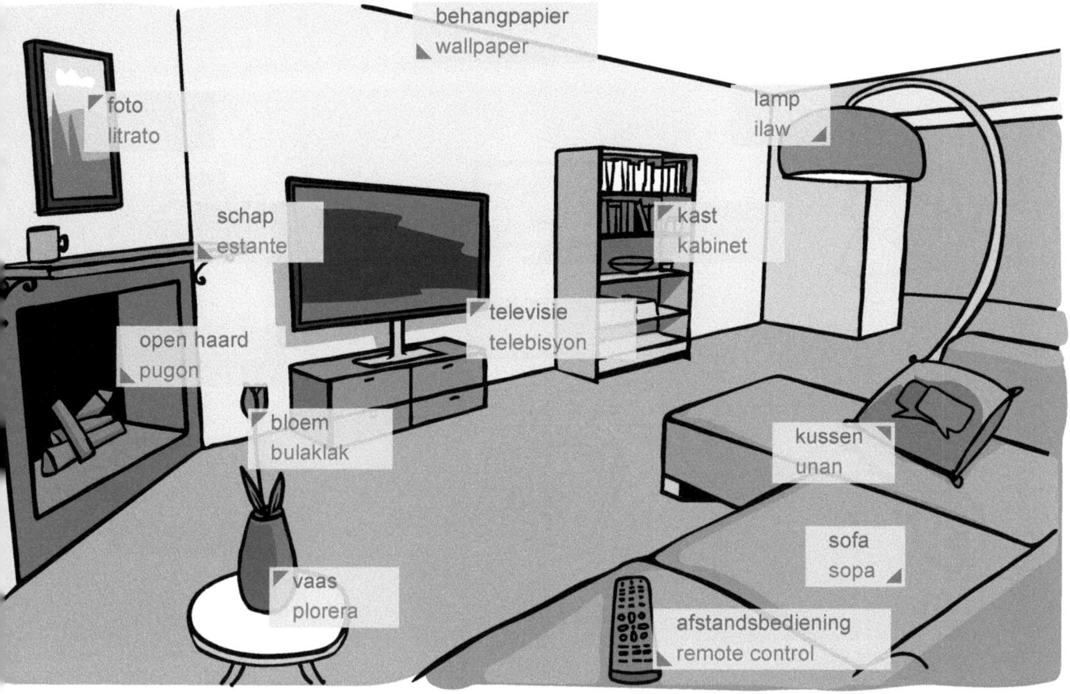

behangpapier
wallpaper

lamp
ilaw

foto
litrato

schap
estante

kast
kabinet

open haard
pugon

televisie
telebisyon

bloem
bulaklak

kussen
unan

sofa
sopa

vaas
plorera

afstandsbediening
remote control

mat
karpet

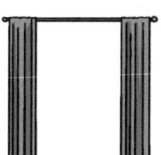

gordijn
kurtina

tafel
mesa

stoel
silya

schommelstoel
tumba-tumba

fauteuil
sandalan

boek
aklat

deken
kumot

decoratie
dekorasyon

brandhout
kahoy na panggatong

film
pelikula

stereo-installatie
hi-fi

sleutel
susi

krant
dyaryo

schilderij
pinta

poster
poster

radio
radyo

notitieboekje
kuwaderno

stofzuiger
vacuum cleaner

cactus
kaktus

kaars
kandila

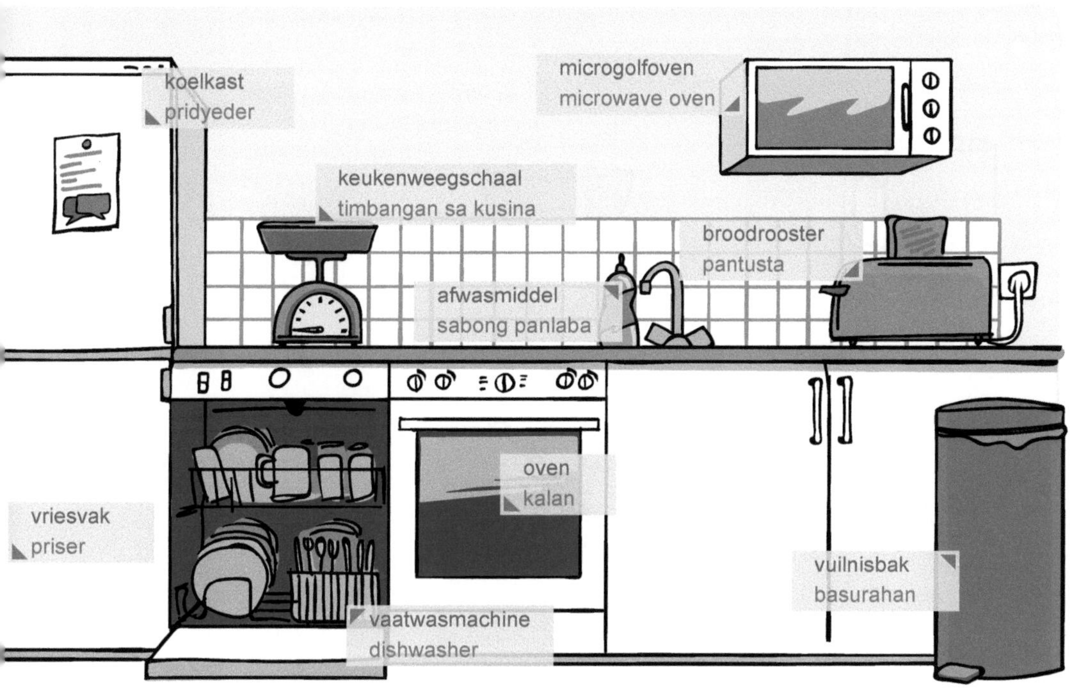

koelkast
pridyeder

microgolfoven
microwave oven

keukenweegschaal
timbangan sa kusina

broodrooster
pantusta

afwasmiddel
sabong panlaba

oven
kalan

vriesvak
priser

vuilnisbak
basurahan

vaatwasmachine
dishwasher

fornuis

lutuan

pot

kaldero

gietijzeren pot

kalderong bakal

wok / kadai

wok / kadai

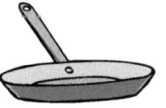

pan

kawali

waterkoker

takore

stoomkoker

pasingawan

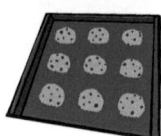

bakplaat

bandehado sa paghuhurno

servies

babasagin

mok

mug

kom

mangkok

eetstokjes

sipit ng intsik

pollepel

sandok

spatel

spatula

garde

pampalis

vergiet

pansala

zeef

salaan

rasp

pangkayod

mortier

almires

barbecue

barbikyo

haardvuur

siga

snijplank

tadtaran

deegrol

rodilyo

kurkentrekker

tribuson

blik

lata

blikopener

pambukas ng lata

pannenlap

panghawak ng kaldero

gootsteen

lababo

borstel

bras

spons

espongha

blender

blender

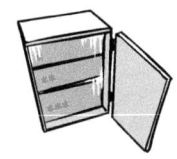

vriezer

malalim na freezer

papfles

bote ng sanggol

kraan

gripo

badkamer
palikuran

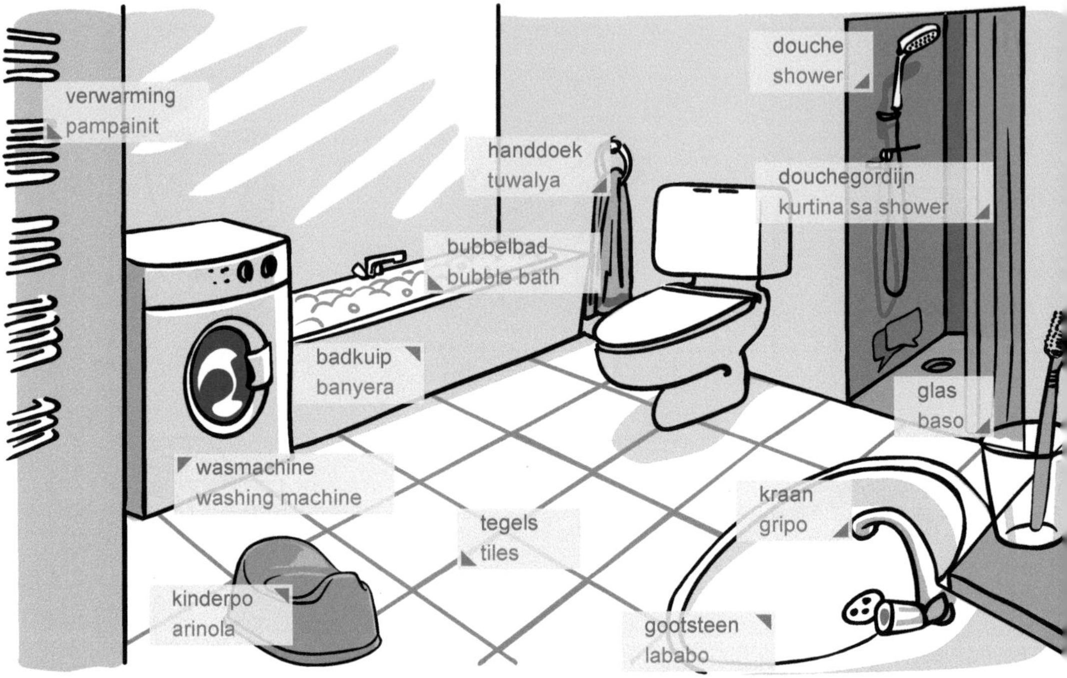

verwarming
pampainit
handdoek
tuwalya
douche
shower
douchegordijn
kurtina sa shower
bubbelbad
bubble bath
badkuip
banyera
glas
baso
wasmachine
washing machine
kraan
gripo
tegels
tiles
kinderpo
arinola
gootsteen
lababo

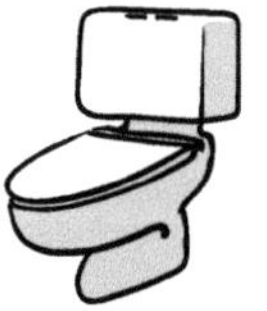

toilet

banyo

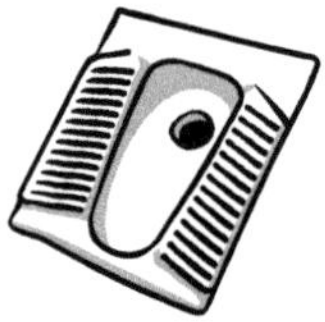

hurktoilet

squat toilet

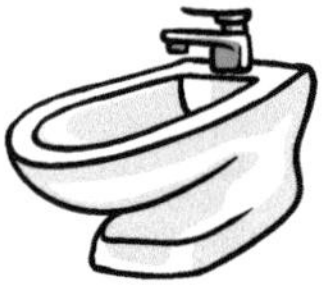

bidet

bidet

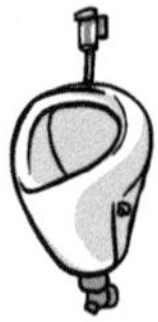

urinoir

ihian

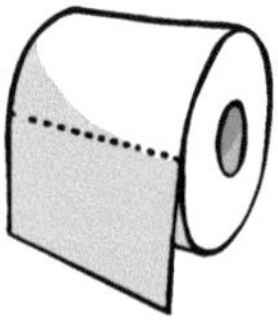

toiletpapier

toilet paper

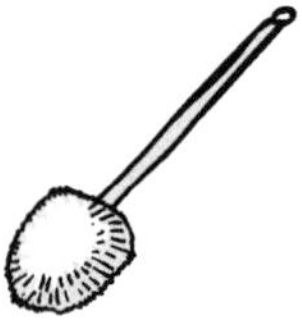

toiletborstel

iskoba sa banyo

tandenborstel

sipilyo

tandpasta

tutpeyst

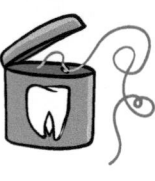

flosdraad

dental floss

wassen

hugasan

handdouche

shower na hinahawakan

bidethanddouche

dutsa

waskom

palanggana

rugborstel

bras panlikod

zeep

sabon

douchegel

shower gel

shampoo

shampoo

washandje

pranela

afvoer

paagusan

crème

krema

deodorant

deodorant

spiegel

salamin

handspiegel

salaming hinahawakan

scheermes

pang-ahit

scheerschuim

bulang pang-ahit

aftershave

aftershave

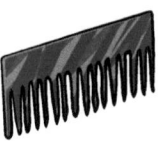

kam

suklay

borstel

brush

haardroger

pantuyo ng buhok

haarlak

sprey sa buhok

make-up

makeup

lippenstift

lipistik

nagellak

pampakintab ng kuko

watten

bulak na lana

nagelknipper

panggupit ng kuko

parfum

pabango

toilettas

washbag

kruk

stool

weegschaal

timbangan

badjas

bata

latex handschoenen

gomang guwantes

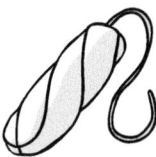

tampon

tampon

maandverband

malinis na tuwalya

chemisch toilet

chemical toilet

kinderkamer
silid ng bata

wekker
alarm clock
knuffel
nayayakap na laruan
speelgoedauto
laruang kotse
rammelaar
kuliling
poppenhuis
bahay ng manika
geschenk
regalo

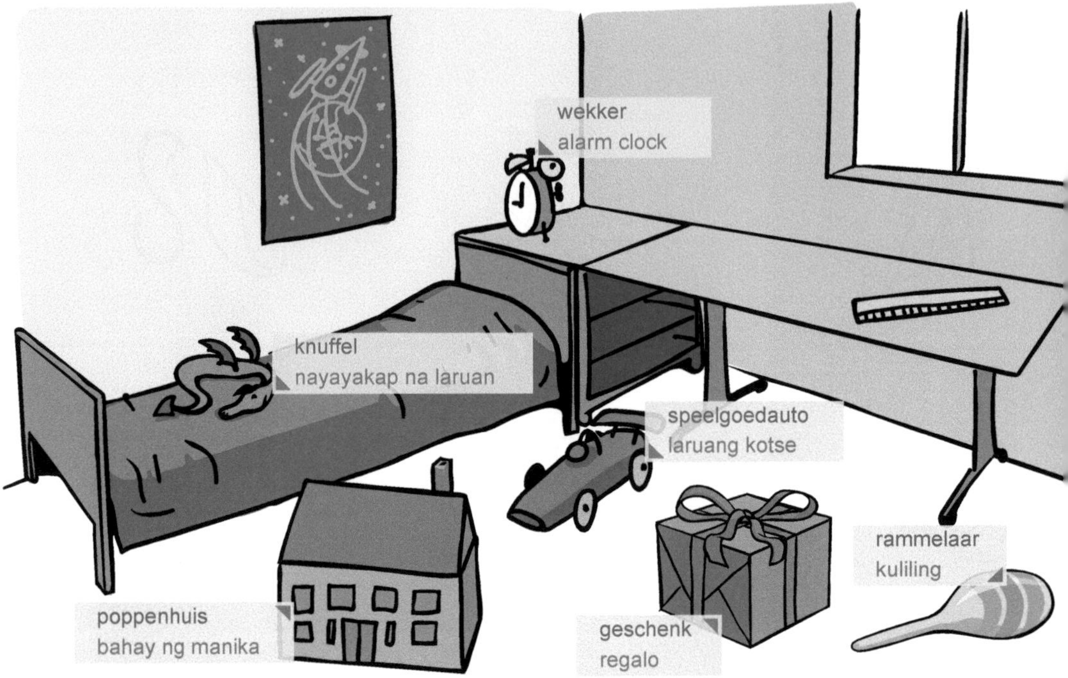

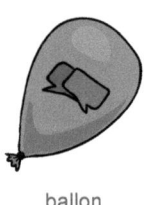

ballon

lobo

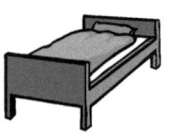

bed

higaan

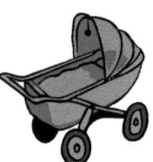

kinderwagen

pram

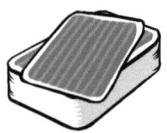

spel kaarten

hanay ng mga baraha

puzzel

jigsaw

SUPER MEGA

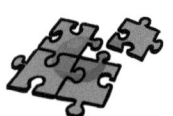

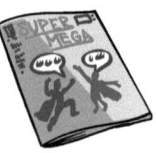

stripboek

komiks

legoblokjes

lego bricks

blokken

blokeng laruan

actiefiguur

action figure

kruippakje

paglaki ng sanggol

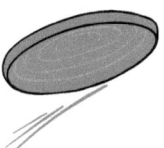

frisbee

frisbee

mobiel

mobile

bordspel

board game

dobbelsteen

dice

modelspoorweg

model train set

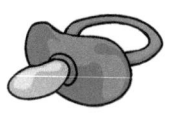

fopspeen

manikin

feest

salu-salo

prentenboek

aklat ng mga litrato

bal

bola

pop

manika

spelen

maglaro

zandbak

tibagan ng buhangin

schommel

duyan

speelgoed

mga laruan

spelconsole

video game console

driewieler

traysikel

knuffelbeer

teddy bear

kleerkast

aparador

kleding

pananamit

sokken

medyas

kousen

stockings

maillot

pampitis

sjaal
bandana

riem
sinturon

paraplu
payong

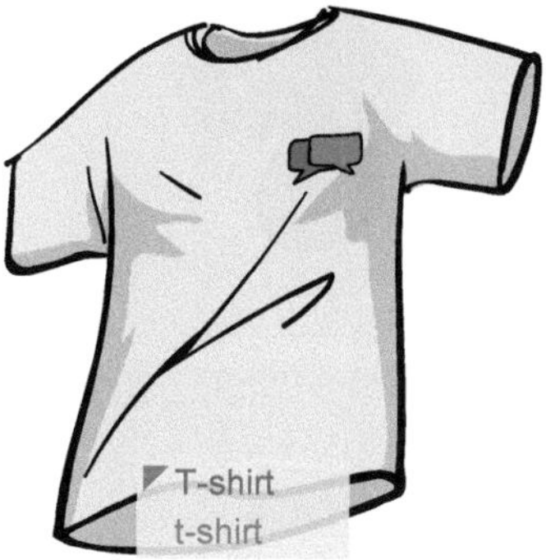

T-shirt
t-shirt

sneakers
sneakers

laarzen
bota

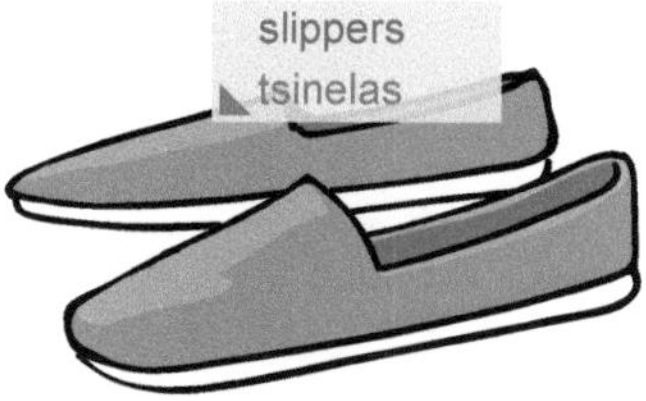

slippers
tsinelas

sandalen
....
sandalyas

schoenen
....
sapatos

rubberlaarzen
....
botang degoma

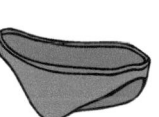

onderbroek
....
salawal

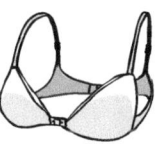

beha
....
bra

onderhemd
....
tsaleko

lichaam	broek	jeans
katawan	pantalon	jeans

rok	blouse	hemd
palda	blusa	kamiseta

trui	capuchontrui	blazer
pullover	panlamig	blazer

jas	jas	regenjas
diyaket	kapa	kapote

kostuum	jurk	trouwjurk
kasuotan	bistida	damit pangkasal

pak
terno

nachthemd
damit pantulog

pyjama
padyama

sari
sari

hoofddoek
bandana sa ulo

tulband
turban

boerka
burka

kaftan
kaftan

abaya
abaya

badpak
panlangoy

zwembroek
trunks

short
salawal

trainingspak
tracksuit

schort
apron

handschoenen
guwantes

knoop

butones

bril

salamin

armband

pulseras

ketting

kuwintas

ring

singsing

oorbel

hikaw

pet

takip

kapstok

sabitan ng kapa

hoed

sombrero

das

kurbata

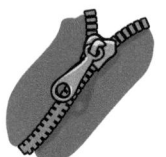

rits

siper

helm

helmet

bretellen

tirante

schooluniform

uniporme sa paaralan

uniform

uniporme

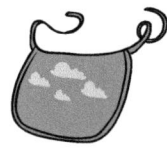

slabbetje

bibero

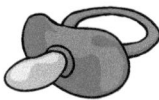

fopspeen

manikin

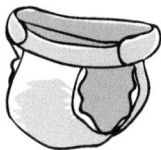

luier

lampin

kantoor
opisina

server
server
dossierkast
kabinet ng file
printer
printer
papier
papel
monitor
monitor
muis
mouse
bureau
mesa
map
polder
toestenbord
keyboard
papiermand
basurahan ng papel
computer
kompyuter
stoel
upuan

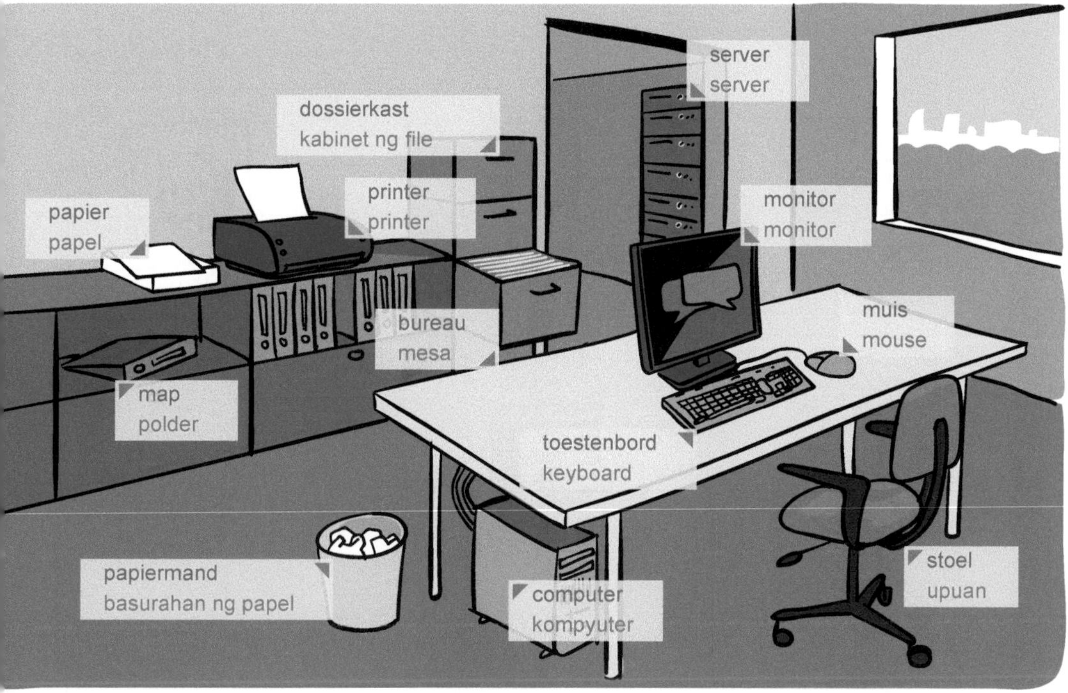

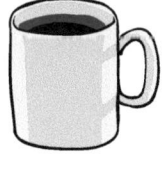

koffiemok

tasa ng kape

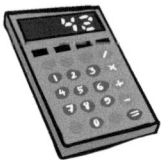

rekenmachine

calculator

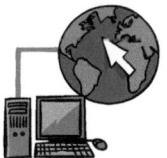

internet

internet

laptop	brief	bericht
laptop	sulat	mensahe

gsm	netwerk	kopieerapparaat
mobile	network	photocopier

software	telefoon	stopcontact
software	telepono	saksakan
	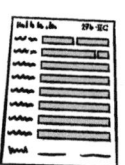	
fax	formulier	document
fax machine	anyo	dokumento

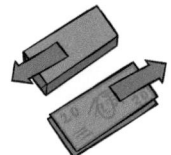

kopen

bumili

betalen

magbayad

handelen

ikalakal

geld

pera

dollar

dolyar

euro

euro

yen

yen

roebel

rublo

Zwitserse frank

swiss franc

Chinese renminbi

renminbi yuan

roepie

rupee

geldautomaat

cash point

wisselkantoor

tanggapan ng palitan ng pera

goud

ginto

zilver

tanso

olie

langis

energie

enerhiya

prijs

presyo

contract

kontrata

belasting

buwis

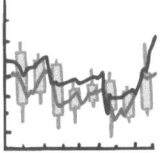

aandeel

stock

werken

trabaho

werknemer

empleyado

werkgever

taga-empleyo

fabriek

pabrika

winkel

tindahan

beroepen
mga trabaho

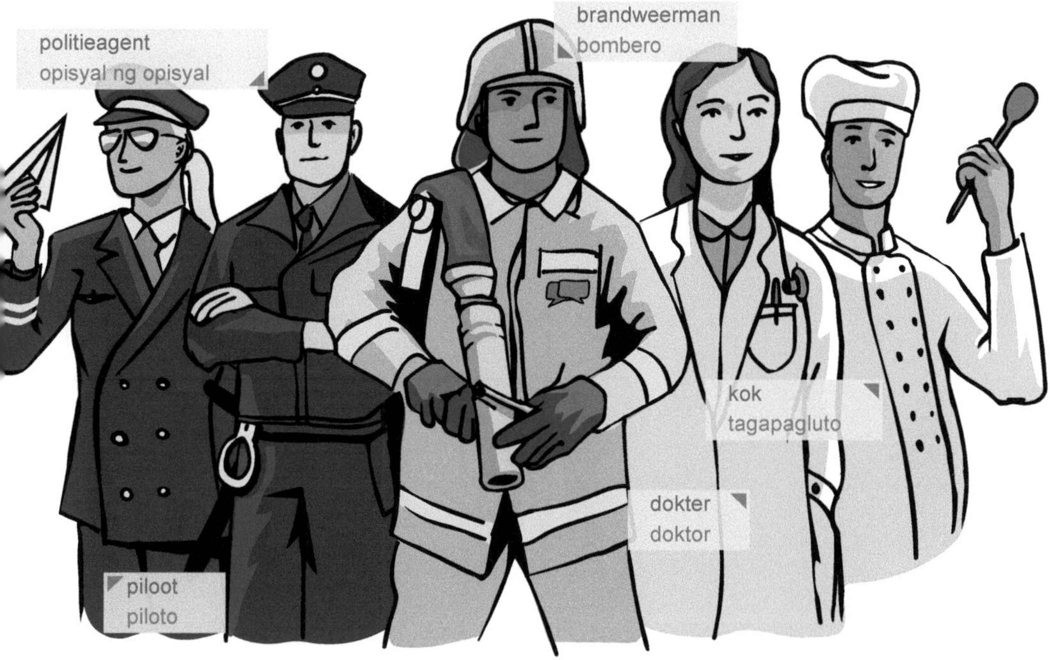

politieagent
opisyal ng opisyal
brandweerman
bombero
kok
tagapagluto
dokter
doktor
piloot
piloto

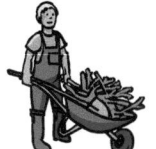

tuinman

hardinero

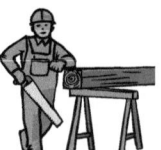

timmerman

karpentero

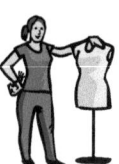

naaister

mananahi

rechter

hukom

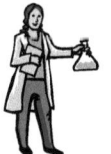

chemicus

kemiko

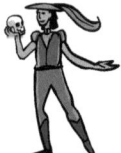

acteur

aktor

buschauffeur

tsuper ng bus

taxichauffeur

tsuper ng taxi

visser

mangingisda

schoonmaakster

tagapaglinis

dakdekker

tagapagkabit ng bubong

ober

waiter

jager

mangangaso

schilder

pintor

bakker

panadero

elektricien

elektrisyan

bouwvakker

tagapagtayo

ingenieur

inhinyero

slager

magkakarne

loodgieter

tubero

postbode

kartero

soldaat

sundalo

architect

arkitekto

kassier

kahera

bloemist

magtitinda ng bulaklak

kapper

manggugupit

conducteur

konduktor

mecanicien

mekaniko

kapitein

kapitan

tandarts

dentista

wetenschapper

siyentipiko

rabbijn

rabbi

imam

imam

monnik

monghe

geestelijke

klero

werktuigen
mga kagamitan

hamer
martilyo
tang
plais
schroevendraaier
distornilyador
schroefsleutel
lyabe
zaklamp
tanglaw

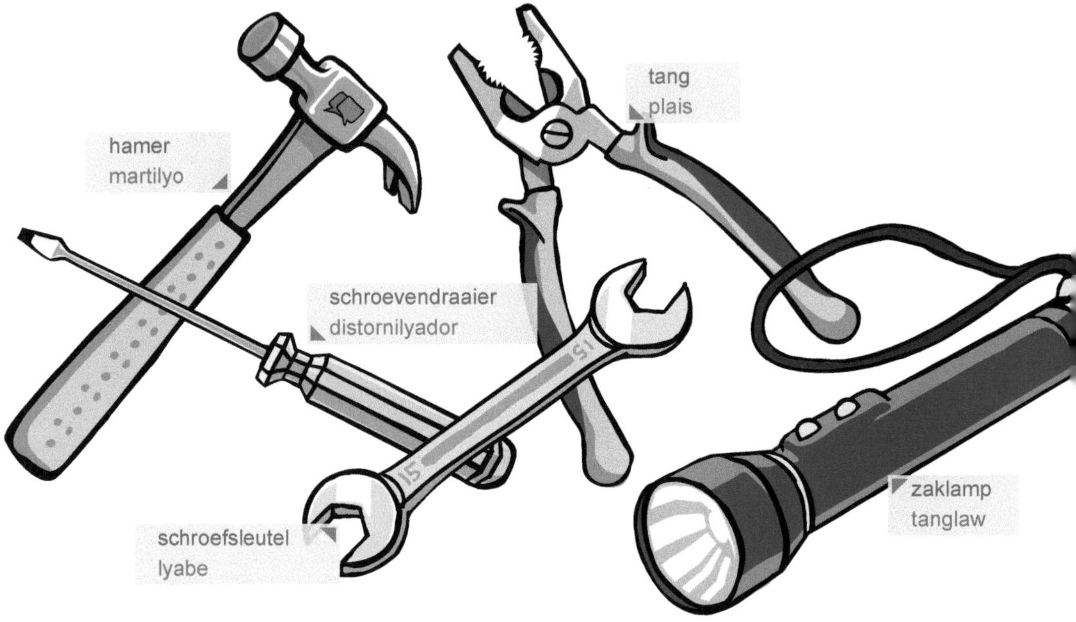

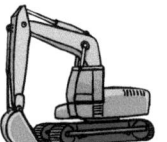

graafmachine

panghukay

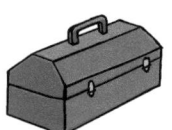

gereedschapskoffer

toolbox

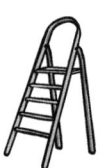

ladder

hagdan

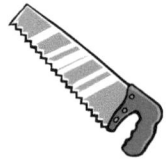

zaag

lagari

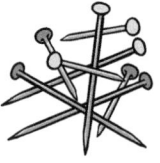

spijkers

mga pako

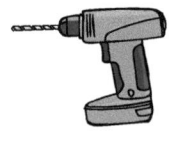

boormachine

pambutas

repareren

kumpunihin

schop

pala

Verdomme!

Kainis!

blik

pandakot

verfpot

palayok ng pintura

schroeven

mga tornilyo

muziekinstrumenten
mga pangmusikang instrumento

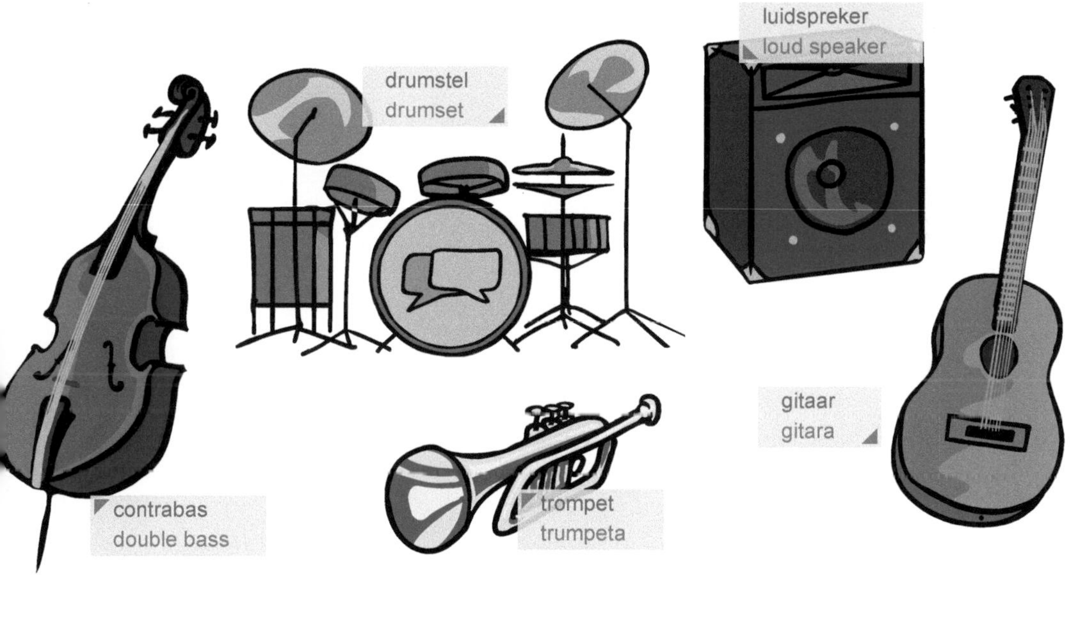

drumstel
drumset

luidspreker
loud speaker

gitaar
gitara

contrabas
double bass

trompet
trumpeta

piano

piyano

viool

biyolin

basgitaar

bass

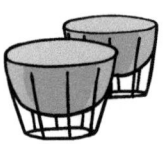

pauk

timpani

trommels

mga drum

keyboard

keyboard

saxofoon

saksopon

fluit

plauta

microfoon

mikropono

ZOO

ZOO

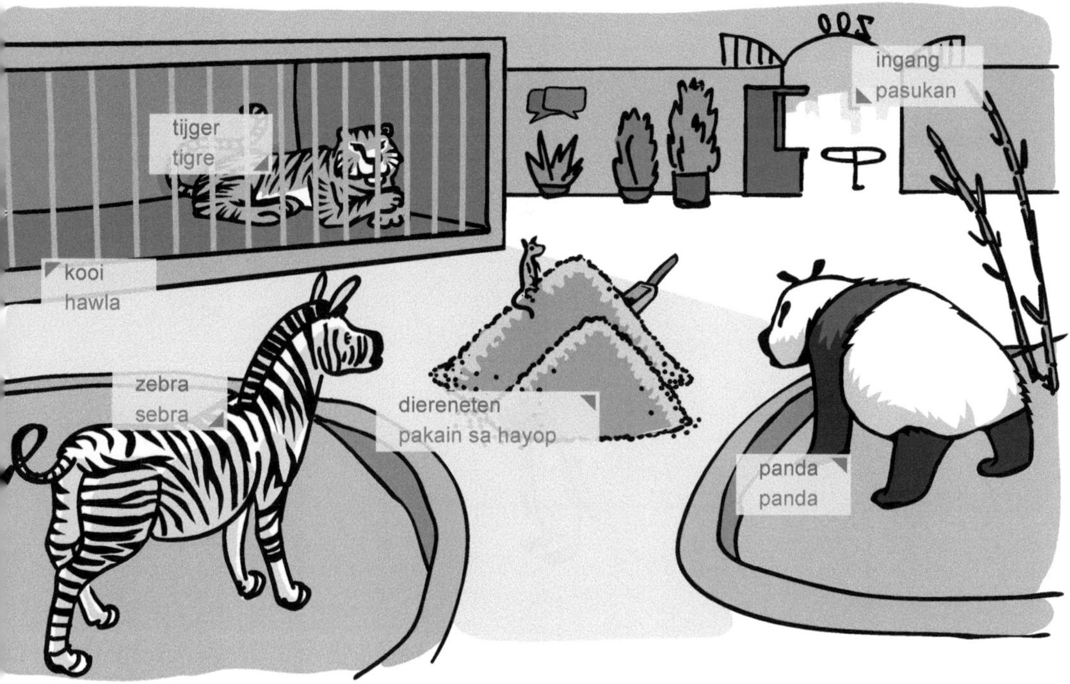
ZOO
tijger
tigre
kooi
hawla
ingang
pasukan
zebra
sebra
diereneten
pakain sa hayop
panda
panda

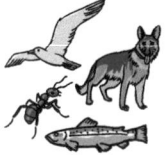

dieren

mga hayop

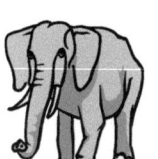

olifant

elepante

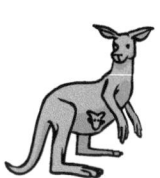

kangoeroe

kanggaro

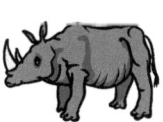

neushoorn

rhino

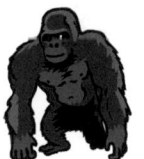

gorilla

gorilya

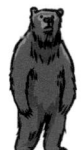

beer

oso

kameel

kamelyo

struisvogel

ostrich

leeuw

leon

aap

unggoy

flamingo

flamingo

papegaai

loro

ijsbeer

polar bear

pinguïn

penguin

haai

pating

pauw

paboreal

slang

ahas

krokodil

buwaya

dierenverzorger

tagapag-alaga ng zoo

zeehond

seal

jaguar

jaguar

pony

buriko

luipaard

leopardo

nijlpaard

hipo

giraffe

dyirap

adelaar

agila

wild zwijn

bulugan

vis

isda

zeeschildpad

pagong

walrus

walrus

vos

soro

gazelle

gasel

rugby
Amerikanong putbol

wielrennen
pamimisikleta

tennis
tennis

basketbal
basketbol

zwemmen
paglalangoy

boksen
boksing

ijshockey
ice-hockey

voetbal	badminton	atletiek
soccer	badminton	atletiks

handbal	skiën	polo
handball	skiing	polo

activiteiten
mga aktibidad

lachen
tumawa
springen
tumalon
knuffelen
yakapin
wandelen
lumakad
zingen
kumanta
dromen
mangarap
bidden
magdasal
kussen
halikan

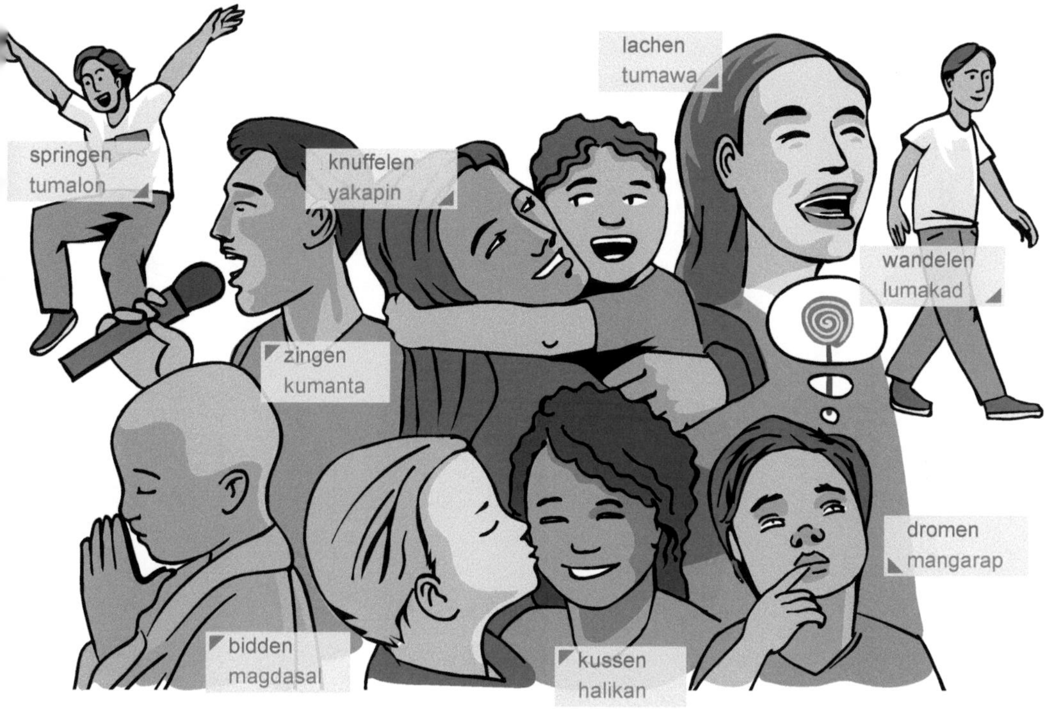

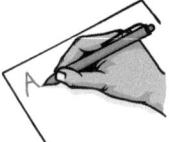

schrijven

sumulat

tekenen

gumuhit

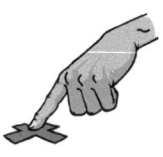

tonen

ipakita

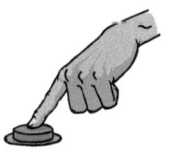

duwen

itulak

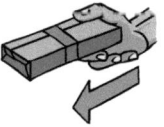

geven

magbigay

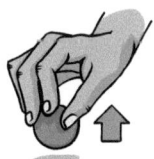

nemen

kunin

hebben

magkaroon

doen

gawin

zijn

maging

staan

tumayo

lopen

tumakbo

trekken

hilahin

gooien

itapon

vallen

malaglag

liggen

mahiga

wachten

hintayin

dragen

dalhin

zitten

umupo

aankleden

magbihis

slapen

matulog

ontwaken

gumising

kijken naar

tumingin

wenen

umiyak

aaien

estilo

kammen

magsuklay

praten

magsalita

begrijpen

intindihin

vragen

magtanong

luisteren

makinig

drinken

uminom

eten

kumain

opruimen

linisin

houden van

mahal

koken

magluto

rijden

magmaneho

vliegen

lumipad

zeilen

maglayag

rekenen

kalkulahin

Lezen

basahin

leren

matuto

werken

trabaho

trouwen

pakasalan

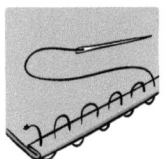

naaien

tahiin

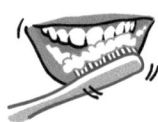

tandenpoetsen

magsipilyo ng ngipin

doden

patayin

roken

manigarilyo

sturen

magpadala

grootmoeder
lola

grootvader
lolo

vader
ama

moeder
ina

baby
sanggol

dochter
anak na babae

zoon
anak na lalaki

gast

panauhin

tante

tiya

oom

tiyo

broer

kuya

zus

ate

lichaam

katawan

voorhoofd
noo
oog
mata
schouder
balikat
vinger
daliri
gezicht
mukha
kin
baba
hand
kamay
borst
suso
been
binti
arm
bisig

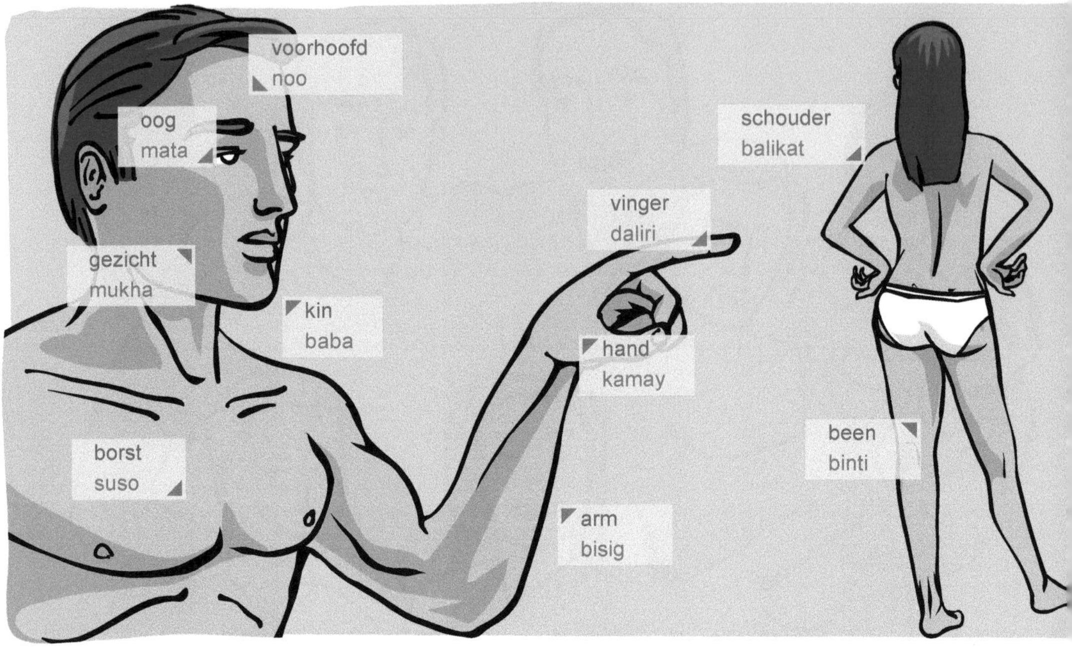

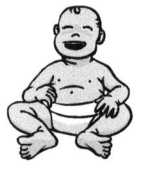

baby

sanggol

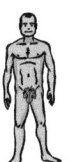

man

lalaki

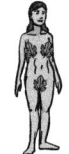

vrouw

babae

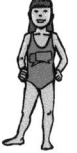

meisje

batang babae

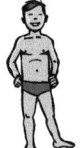

jongen

batang lalaki

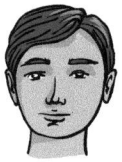

hoofd

ulo

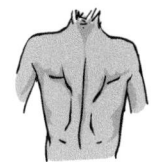

rug

likod

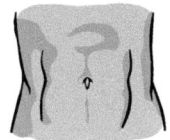

buik

tiyan

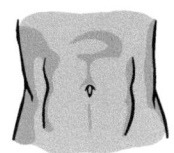

navel

pusod

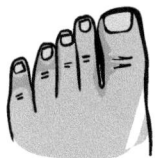

teen

daliri ng paa

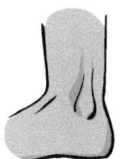

hiel

takong

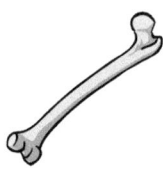

bot

buto

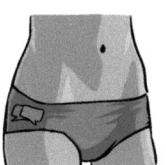

heup

balakang

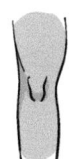

knie

tuhod

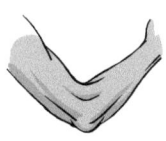

elleboog

siko

neus

ilong

zitvlak

gitna

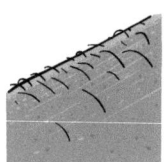

huid

balat

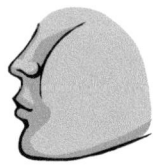

wang

pisngi

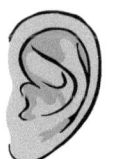

oor

tainga

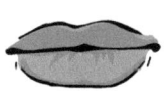

lip

labi

mond
bibig

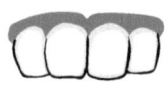

tand
ngipin

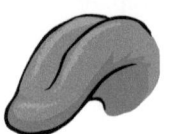

tong
dila

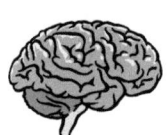

hersenen
utak

hart
puso

spier
kalamnan

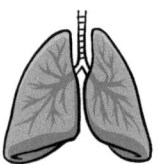

long
baga

lever
atay

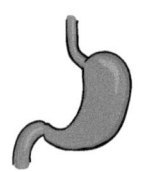

maag
sikmura

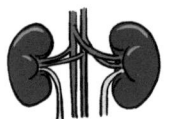

nieren
mga bato

seks
pagtatalik

condoom
kondom

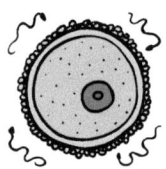

eicel
obyum

sperma
semen

zwangerschap
pagbubuntis

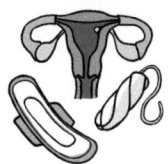

menstruatie
·················
pagreregla

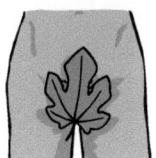

vagina
·················
vagina

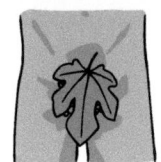

penis
·················
ari ng lalaki

wenkbrauw
·················
kilay

haar
·················
buhok

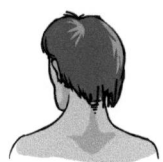

nek
·················
leeg

ziekenhuis
ospital

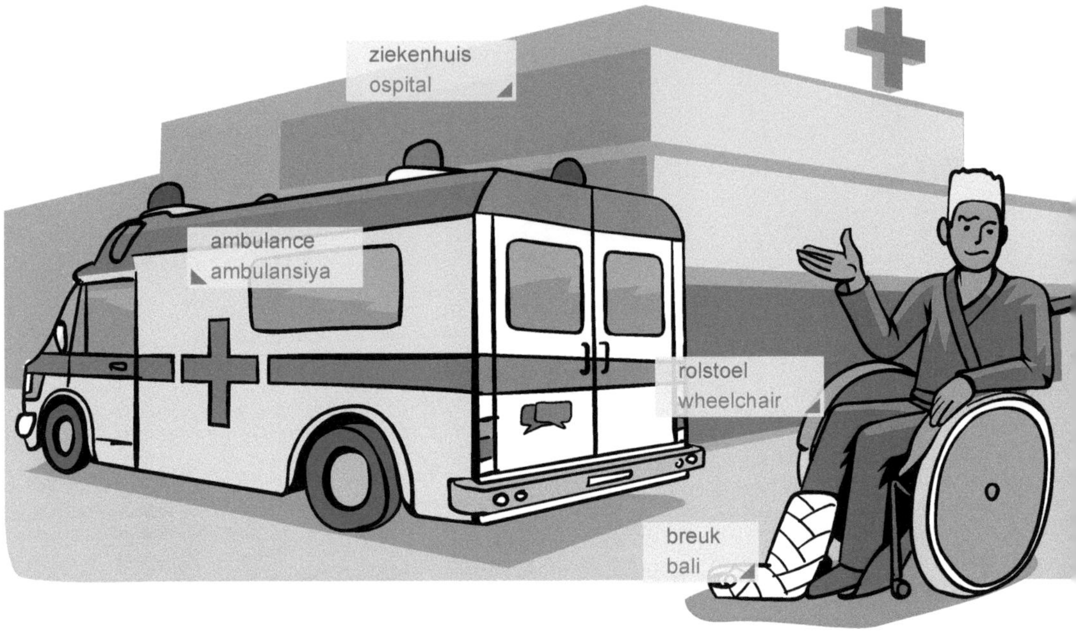

ziekenhuis
ospital
ambulance
ambulansiya
rolstoel
wheelchair
breuk
bali

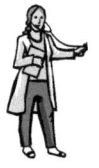

dokter

doktor

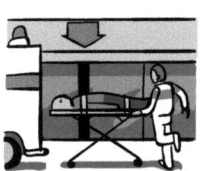

spoed

silid pang-emergency

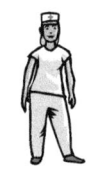

verpleegkundige

nars

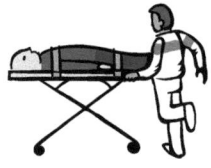

noodgeval

emerhensiya

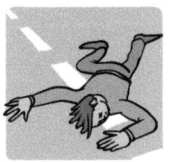

bewusteloos

walang malay

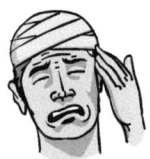

pijn

pananakit

verwonding

pinsala

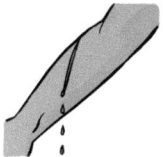

bloeding

nagdurugo

hartaanval

atake sa puso

beroerte

atake serebral

allergie

alerdye

hoest

ubo

koorts

lagnat

griep

trangkaso

diarree

pagdudumi

hoofdpijn

sakit ng ulo

kanker

kanser

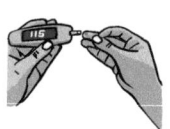

diabetes

diyabetis

chirurg

siruhano

scalpel

iskalpel

operatie

operasyon

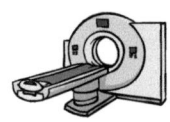

CT

CT

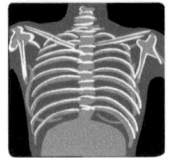

röntgenstraal

x-ray

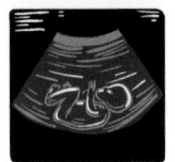

ultrageluid

ultrasound

gezichtsmasker

maskara sa mukha

ziekte

sakit

wachtkamer

silid-antayan

kruk

saklay

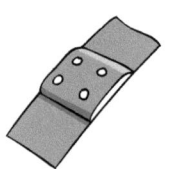

pleister

plaster

verband

benda

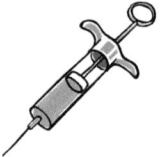

injectie

iniksyon

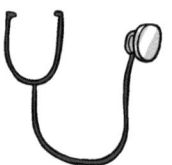

stethoscoop

istetoskopyo

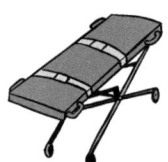

brancard

estretser

thermometer

klinikal na termometro

geboorte

pagsilang

overgewicht

labis sa timbang

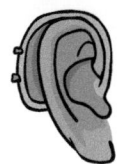

hoorapparaat

hearing-aid

ontsmettingsmiddel

pang-disimpekta

infectie

impeksyon

virus

bayrus

HIV / AIDS

HIV / AIDS

medicijn

medisina

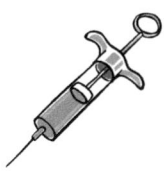

vaccinatie

bakuna

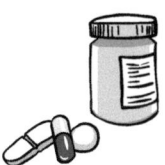

tabletten

mga tableta

pil

tabletas

noodoproep

emergency na tawag

bloeddrukmeter

pagmamatyag sa presyon
ng dugo

ziek / gezond

may sakit / malusog

Help!

Tulong!

alarm

alarma

overval

asulto

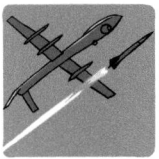

aanval

atake

gevaar

panganib

nooduitgang

labasang pang-emergency

Brand!

Sunog!

brandblusser

fire extinguisher

ongeval

aksidente

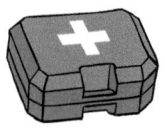

EHBO-kit

kagamitan sa paunang
lunas

SOS

SOS

politie

pulis

Europa

Europa

Noord-Amerika

Hilagang Amerika

Zuid-Amerika

Timog Amerika

Afrika

Aprika

Azië

Asya

Australië

Australia

Atlantische Oceaan

Atlantika

Stille Oceaan

Pasipiko

Indische Oceaan

Dagat Indiano

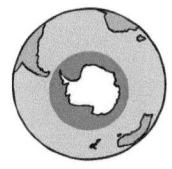

Antarctische Oceaan

Dagat Antarktika

Arctische Oceaan

Dapat Arktika

Noordpool

Hilagang polo

Zuidpool

Timog polo

Antarctica

Antartika

aarde

mundo

land

lupa

zee

dagat

eiland

isla

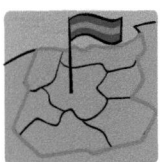

natie

bansa

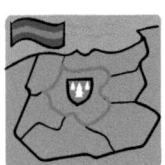

staat

estado

wijzerplaat

mukha ng orasan

uurwijzer

orasang kamay

minuutwijzer

minutong kamay

secondewijzer

segundong kamay

Hoe laat is het?

Anong oras na?

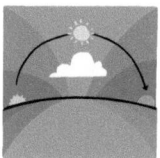

dag

araw

tijd

oras

nu

ngayon

digitale horloge

digital na relo

minuut

minuto

uur

oras

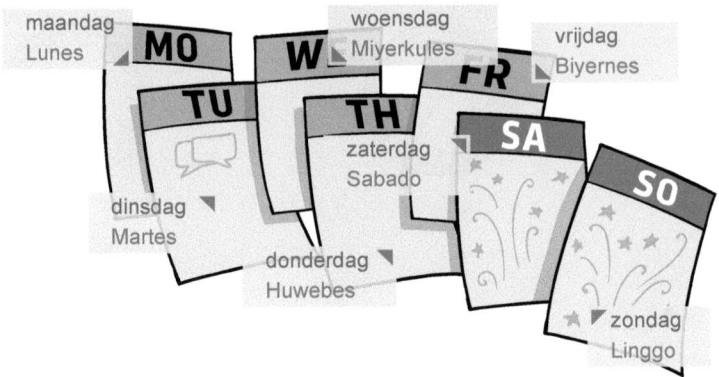

maandag
Lunes

woensdag
Miyerkules

vrijdag
Biyernes

dinsdag
Martes

zaterdag
Sabado

donderdag
Huwebes

zondag
Linggo

gisteren
kahapon

vandaag
ngayon

morgen
bukas

ochtend
umaga

middag
tanghali

avond
gabi

werkdagen
mga araw ng negosyo

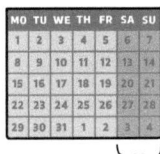

weekend
katapusan ng linggo

jaar
taon

regen
ulan
regenboog
bahaghari
sneeuw
niyebe
wind
hangin
lente
tagsibol
herfst
taglagas
zomer
tag-init
winter
taglamig

4.APRIL 11°
5.APRIL 4°
6.APRIL 13°
7.APRIL 8°
8.APRIL 10°

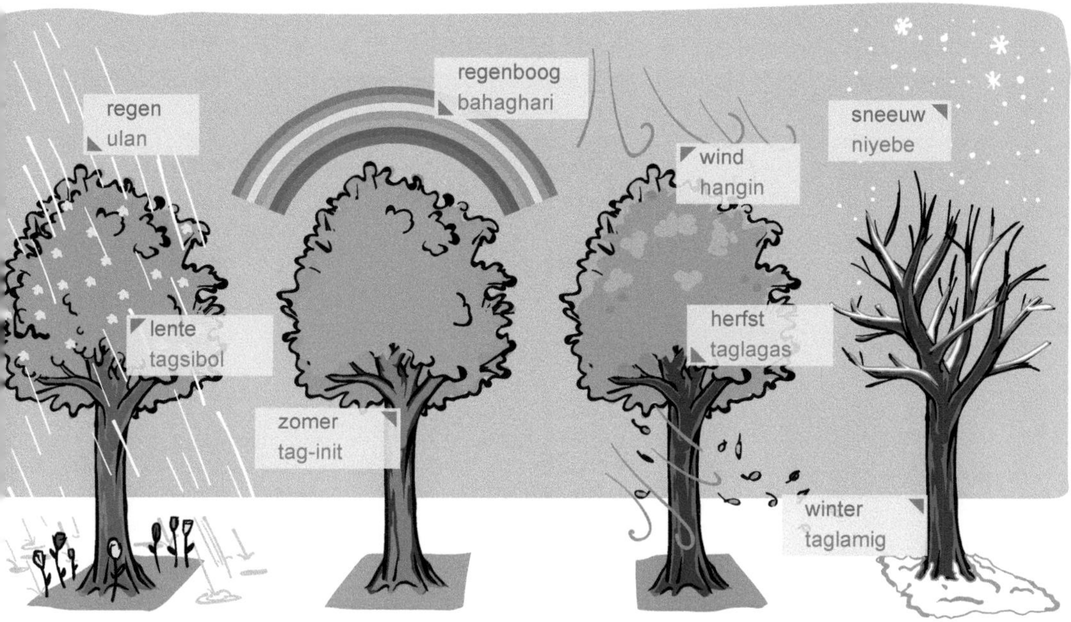

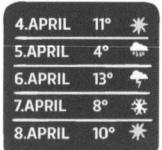

weervoorspelling

lagay ng panahon

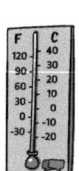

thermometer

termometro

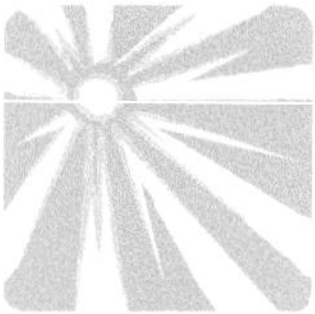

zonneschijn

sikat ng araw

wolk

ulap

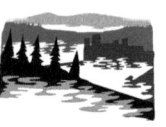

mist

hamog

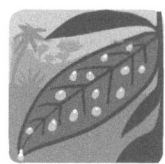

vochtigheid

kahalumigmigan

bliksem

kidlat

donder

kulog

storm

bagyo

hagel

may yelong ulan

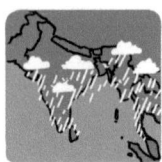

moesson

tag-ulan

overstroming

pagkain

ijs

yelo

januari

Enero

februari

Pebrero

maart

Marso

april

Abril

mei

Mayo

juni

Hunyo

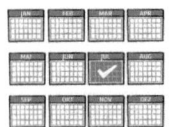

juli

Hulyo

augustus

Agosto

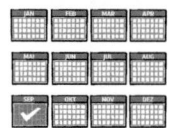

september
....
Setyembre

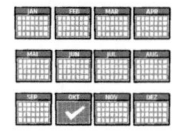

oktober
....
Oktubre

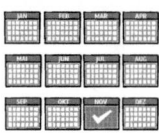

november
....
Nobyembre

december
....
Disyembre

vormen
mga hugis

cirkel
....
bilog

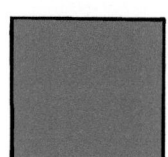

kwadraat
....
parisukat

rechthoek
....
rektanggulo

driehoek
....
tatsulok

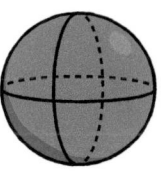

bol
....
pabilog

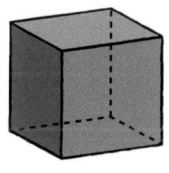

kubus
....
kyub

wit
....
puti

geel
....
dilaw

oranje
....
kahel

roze
....
rosas

rood
....
pula

paars
....
ube

blauw
....
asul

groen
....
berde

bruin
....
brown

grijs
....
grey

zwart
....
itim

veel / weinig

marami / kakaunti

boos / kalm

takot / kalmado

mooi / lelijk

maganda / pangit

begin / einde

simula / katapusan

groot / klein

malaki / maliit

licht / donker

matingkad / madilim

broer / zus

kuya / ate

proper / vuil

malinis / madumi

volledig / onvolledig

kumpleto / kulang

dag / nacht

araw / gabi

dood / levend

patay / buhay

breed / smal

malawak / makipot

eetbaar / oneetbaar

nakakain / hindi nakakain

kwaadaardig / vriendelijk

masama / mabuti

opgewonden / verveeld

nakakatuwa / nakakainip

dik / dun

mataba / payat

eerst / laatst

una / huli

vriend / vijand

kaibigan / kaaway

vol / leeg

puno / walang laman

hard / zacht

matigas / malambot

zwaar / licht

mabigat / magaan

honger / dorst

gutom / uhaw

ziek / gezond

may sakit / malusog

illegaal / legaal

ilegal / legal

intelligent / dom

matalino / tanga

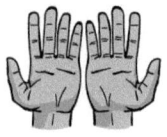

links / rechts

kaliwa / kanan

dichtbij / veraf

malapit / malayo

nieuw / gebruikt

bago /gamit na

niets / iets

wala /mayroon

oud / jong

matanda / bata

aan / uit

naka-on / naka-off

open / dicht

bukas / sarado

stil / luid

tahimik / maingay

rijk / arm

mayaman / mahirap

juist / fout

tama / mali

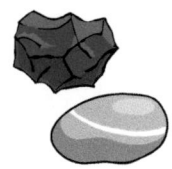

ruw / glad

magaspang / makinis

droevig / blij

malungkot / masaya

kort / lang

maikli / mahaba

traag / snel

mabagal / mabilis

nat / droog

basa / tuyo

warm / koud

maligamgam / malamig

oorlog / vrede

digmaan / kapayapaan

mga numero

0

nul

sero

1

één

isa

2

twee

dalawa

3

drie

tatlo

4

vier

apat

5

vijf

lima

6

zes

anim

7

zeven

pito

8

acht

walo

9

negen

siyam

10

tien

sampu

11

elf

labing-isa

12
twaalf

labindalawa

13
dertien

labintatlo

14
veertien

labing-apat

15
vijftien

labinlima

16
zestien

labing-anim

17
zeventien

labimpito

18
achtien

labing-walo

19
negentien

labinsiyam

20
twintig

dalawampu

100
honderd

daan

1.000
duizend

libo

1.000.000
miljoen

milyon

Talen

mga wika

Engels

Ingles

Amerikaans Engels

Amerikan na Ingles

Chinees (Mandarijn)

Tsinong Mandarin

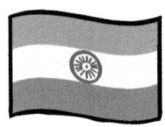

Hindi

Hindi

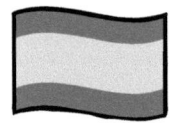

Spaans

Espanyol

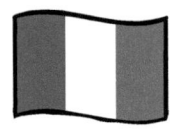

Frans

Pranses

Arabisch

Arabe

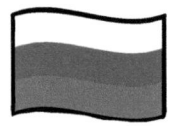

Russisch

Ruso

Portugees

Portuges

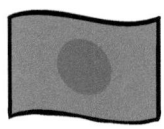

Bengali

Bengali

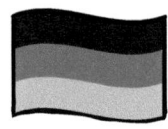

Duits

Aleman

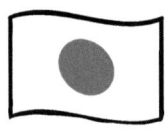

Japans

Hapon

ik
ako

u
ikaw

hij / zij / het
siya / siya / ito

wij
kami

u
ikaw

ze
sila

wie?
sino?

wat?
ano?

hoe?
paano?

waar?
saan?

wanneer?
kailangan?

naam
pangalan

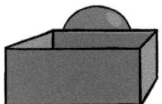

achter

likuran

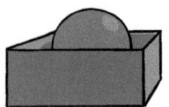

in

saan

voor

sa harap ng

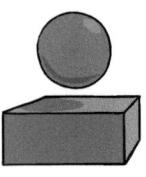

boven

itaas

op

sa

onder

ilalim

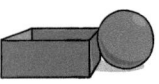

naast

katabi

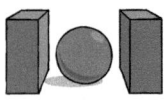

tussen

pagitan

plaats

lugar